MW01316966

अनुभूति

कविता–संग्रह

वीरेन्द्र झा

इन कविताओं के बारे में

मुझे बचपन से ही कवितायें सम्मोहित करती रही है। हाईस्कूल के दिनों में मैंने कुछ कवितायें लिखीं और लिखकर भूल गया। इसके बाद मैंने इंजीनियरिंग की पढ़ाई शुरू कर दी। इस दौरान मुझे लगा कि मेरा और कविताओं का साथ समाप्त हो गया पर कवितायें मेरे भीतर कहीं बहुत गहरे छुपकर बैठी हुई थीं। इसका पता मुझे तब चला जब मैं कनाडा आया। मैं आया तो था उच्च शिक्षा के लिए पर बाद में यही नौकरी की और यहीं बस गया। इस सबके बीच मैं लगातार कवितायें लिखता रहा। मैं अपनी कविताओं के बारे में सोचता हूँ तो मुझे लगता है कि मेरी कविताओं में प्रवासी मन की सघन अनुभूतियाँ हैं कि किस तरह प्रवासी नए देश, काल और संस्कृति के बीच भावनात्मक स्तर पर संस्कृति से आप्लावित रहते हैं। मुझे उम्मीद है कि मेरी इन कविताओं में उस मानसिक उथल-पुथल की अनेक छवियाँ मिलेंगी जो स्थूल रूप से अपना देश छोड़कर नये देश में बसने पर प्रवासी मन के भीतर खदबदाती रहती है। यह मानसिक विच्छिन्नता अधिकांश प्रवासियों की अनिवार्य मनःस्थिति है। मेरा यह संग्रह एक प्रवासी मन के संवेदनात्मक अनुभवों की विभिन्न छवियों से बना है।

उम्मीद करता हूँ कि इन कविताओं में पाठकों को अपनी बेचैनी के गहरे अक्स मिलेंगे और वे इसे पसन्द करेंगे।

अनुक्रम

अहसास

असमंजस

प्रतीक्षा

वापसी

समस्या का विधान

गंगू पाठक–1

गंगू पाठक–2

गायक

भ्रम

नास्तिक

आँखें बन्द रखो

चन्द शब्द

पतझड़

तलब बरसात में

प्रतिज्ञा

वैलेंटाइन डे

अधर मिलन

एकता (पंचतन्त्र पर आधारित)

पति संदेश

टैलीफोन

रंगभेद

शादी की परीक्षा

प्रकृति

आशिक

नया हिन्दुस्तानी

चालीसवीं वर्षगांठ

कवि सम्मेलन

वर्ष

ट्रैफिक लाइट

भूली बातें

विवाह

सिर्फ तुम

गालिब –1

गालिब –2

रंग प्रवेश

महत्वाकांक्षा

भारत की स्वतंत्रता की 50वीं वर्षगांठ

देश विदेश

जीवन

विवाह समारोह

दुविधा

अर्ज़

आशिकी

मेरा खोट

सीता स्वयंवर

स्वर्गलोक में हलचल

प्रतिस्पर्धा

दीपावली

बेटे व बेटी के नाम

दूरी

याद

श्रद्धांजलि 'पापा' को

आदित्य– यादें

बाबू रोशन लाल की दिनचर्या

मत उलझे रहो

गम नहीं

पल

ढलता सूरज

शब्द

नया वर्ष

खबर

Healthy Foods

Morning After Heart Surgery

संघर्ष

मेरा प्रतिबिम्ब

अहसास

केश काले काले
कुछ लम्बे, कुछ छोटे
सभी जगह मिलते हैं
छूने पर,
मुड़ जाते हैं,
जैसे
शर्माते से, सकुचाते से,
कह रहे हों,
"अभी हम यहीं हैं,
कहीं गये नहीं।"

असमंजस

सोते समय
तुम्हारे चेहरे पर पड़ी लटें
और असीमित सौम्यता व भोलापन
अच्छे लगते हैं बहुत।
लेकिन,
तुम्हारी मुस्कराहट, खिलखिलाहट,
सरलता सहजता और अपनापन
भी तो कम नहीं।
धर्म संकट में हूँ
तुम्हें सोने दूँ
या जगा दूँ?

प्रतीक्षा

श्रृंगार की मेज के
बायीं ओर
चूड़ियाँ हदायीं ओर
इत्र की कुछ शीशियाँ।
बीच में
शीशा है,
जिसकी चमक
हल्की सी पड़ी धूल ने
छीन ली है।
जब वो आयेंगे
चूड़ियाँ खनकेंगी
इत्र महकेगा
शीशा चमकेगा।

वापसी

आने के एक साल बाद,
"जब दस हज़ार होगा
तब वापस जायेंगे।"
"जब पचास हज़ार होगा
तब वापस जायेंगे।"
दस साल बाद,
"जब सौ हज़ार होगा
तब वापस जायेंगे।"
पन्द्रह साल बाद,
"अब बच्चे बड़े हो गये
अब कहाँ जायेंगे?"

समस्या का विधान

राम दत्त शर्मा को
मिलते थे पच्चीस हज़ार
छूट गयी नौकरी
हो गये बेकार।
पैसे की कमी हुई
एसोसिएशन खोल दी
सरकार से मिला
पूरा पांच हजार
पत्नी को एसोसिएशन का
सेक्रेटरी बनाया
पाया दस हजार।
अनएम्पलायमेंट से पाया
अगला दस हजार।
राम दत्त शर्मा की
परिस्थिति में
न आया कोई डेंट,
आफिस में क्लर्क थे
अब हो गये प्रैसीडैन्ट।

गंगू पाठक–1

नाम था उनका गंगू पाठक
शिक्षित थे, थे पीएच.डी.
उछल पड़े दस फुट वो उस दिन
जब फैलोशिप की खबर मिली।
उसी रात वो सपने में,
जा पहुँचे सीधे कनाडा
लूट मची थी, लूट मची थी
बायें दायें, ऊपर नीचे, आगे पीछे
मिनी स्कर्ट में
लिंडा, सूज़जी, मैरी, रीटा
घूम रही थीं।
गंगू जी ने लिंडा जी को पास बुलाया
सूज़ी के ऊपर हाथ फिराया
मैरी तो बस बनी ठनी थीं
रीटा लेकिन चली गयी थीं।
सोचा गंगू जी ने,
इसमें बड़ा मजा है
जाना उनने, इन्द्रदेव

क्या होता है।
तभी घुसा उनकी नाकों में
नत्थी हलवाई का धुआं
कुछ मक्खी चेहरे पर बैठी थीं
मच्छर गुंजन करते थे
महरी घर में घूम रही थी।
गंगू जी ने ली अंगड़ाई
लिंडा लेकिन नज़र न आयी
गंगू जी की समझ में आया
था उनको एक सपना आया।
क्षण बीते, दिन बीते,
बीत एक दो मास
गंगू जी का छूटा पाड़ा
पहुँच गये वो कनाडा।
यूनिवर्सिटी में पहिला दिन
हुला लिंडा जी का दर्शन
धन्यवाद के उत्तर में बोलीं
यू आर वैलकम।
गंगू जी तो गंगू हो गये
सपने सारे पूरे हो गये
जो पहिले दिन ही कहे मुझे वैलकम

वो सब कुछ करने में
क्या होगी कम।
अगले दिन जब लिंडा
उनको नज़र न आयी
रोटी उनको कतई न भायी।
फिर
देखा गंगू ने एक दिन
उनकी बिल्कुल समझ न आया
गुस्सा उनको चढ़ आयां।
जॉन और लिंडा घूम रहे थे
मेरी लिंडा और ये जॉन?
पहुँचे सीधे जॉन के पास
बोले ये क्या है बकवास
क्यों हो तुम लिंडा के साथ
एकदम छोड़ो उसका हाथ।
जॉन के पहिले समझ न आया
फिर उसको भी गुस्सा आया
गंगू जी की हुई पिटाई
हस्पताल में पट्टी बंधवाई
गंगू बोले राम दुहाई
लिंडा फिर कभी याद न आयी।

गंगू पाठक—2

पीएच.डी. में लग गये
दस पूरे उनको साल
इसी बीच में हो गये
थोड़े सफेद बाल।
इस साल की पूरी कोशिश
गंगू जी के काम न आयी
बार बार के कहने पर भी
लिंडा उनके पास न आयी
बोले सब मित्रगण उनसे
गंगू जी अब ये सब छोड़ो
जल्दी से अब भारत जाकर
अच्छी सी कोई लड़की ढूंढ़ो।
थोड़े ही दिनों में पहुँचे
गंगू जी हिन्दुस्तान
भरे हुए थे दिल में उनके
बहुत से अरमान।इतनी सारी कन्या होंगी
हम कैसे करेंगे चुनाव?

तीन चार तो ऐसी होंगी
जिनसे हो जायेगा
हमारे दिन का लगाव।
पहली लड़की उनसे बोली
आप क्या अकेले ही आये हैं
अपने लड़के को साथ नहीं लाये हैं?
दूसरी देखने में लगती थी भली
पर नहीं मिली उससे गंगूजी की कुंडली।
तीसरी कमरे में आयी
लिये हाथ में चाय का प्याला।
घबराहट में छोड़ दिया
गंगू जी के पैर पर
खौलती चाय का प्याला।
चौथी को देखने जाना पड़ा
लंगड़ाते हुए
उसने भी मना कर दिया
शर्माते हुए।
छुट्टियां खत्म होने के बाद
कुंआरे ही आ गये गंगू पाठक
पर आने के एक माह बाद
हुई उनकी दुनिया आबाद।

एक पत्र आया भारत से
हो गयी है तुम्हारी शादी
सावित्री देवी से
कमी पूरी की गयी तुम्हारी
एक नारियल से
आजकल सावित्री देवी
अंग्रेजी पढ़ने जाती हैं।
गंगू जी को अभी भी
कभी कभी सपने में
लिंडा नजर आती हैं।

गायक

जब हमने गाया
कुछ लोगों ने
मज़ाक में कहा
वाह! वाह!
कुछ लोगों ने
शराफत में कहा
कमाल है
हम बुद्धू समझ बैठे
असली तारीफ
कहा
''कुछ गज़लें और सुनिये''
एक सज्जन बोले
''सुनाइये मैं अभी आता हूँ''
मैंने कहा
''कोई बात नहीं, बाकी लोग तो हैं''
दूसरे सज्जन बोले
''माफ कीजियेगा, मुझे भी कहीं जाना है''
मैंने कहा, ''अजी माफी की क्या बात''
गाना चलता रहा
लोग जाते रहे

गज़ल खत्म हुई
कमरा खाली था
खिड़की से झांका
मोहल्ला खाली हो गया था
हम चल पड़े दूसरे मोहल्ले की ओर
उसे भी खाली कराने।

भ्रम

रास्ते से गुजरते हुए
जब उनने हमें अपनी बड़ी बड़ी
मृगिनी जैसी आंखें
तिरछी करके देखा
अपने पतले गुलाबी
सुंदर से होठो को
हल्का सा खोलकर
मुस्करा कर देखा।
हम समझे
है इनक दिल में
हमारे प्यार का लेखा
तभी शायद इतने प्यार से
हमारी ओर देखा।
पर
सार समझ में आया सारा
जब एक सज्जन ने यह बतलाया
खुली हुई है ज़िपर आपकी
नहीं आपने शायद देखा।

नास्तिक

यद्यपि मैं नास्तिक हूँ
परन्तु
जब मैं तुम्हें
मन्द मन्द बहती हवा में
पूनम की रात में
हँसते हुए देखता हूँ
तो सोचता हूँ
कि
केवल दो क्रोमोज़ोन्स के मिलने से
इतनी सुंदरता का गठन
नामुमकिन है।

आँखें बन्द रखो

पलकें जब तुम्हारी उठती हैं
लगता है पलकों ने पलकों से
उठाये दो फूल।
नाजुक सी तुम्हारी पलकों को
इतना काम करते देख कर
दिल मेरा धड़क उठता है।
आंखें तुम बन्द रखो,
मुझे शांत रहने दो
देख लेने दो मुझे
तुम्हें, जी भर कर।

चन्द शब्द

(1)
कल जैसा लगता था बचपन
मुड़कर देखा तो किसी ने
लाठी थमा दी
सहारे के लिये,
मेरे जाने बिना
ज़िन्दगी गुजर गयी।

(2)
बसंत रितु में दो भौंरे
फूलों की बहुतायत देख कर
बौखला गये
आपस में झगड़ने लगे
जब बुद्धि ने काम किया
और झगड़ा समाप्त किया
तब तक पतझड़ आ गया था
फूलों की बहुतायत नहीं रही थी।

A gift from
Rajinder P Singh

Enjoy your gift.

Have feedback on Amazon gifting? Tell us at www.amazon.com/giftingfeedback.

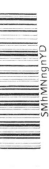

amazon.com

Order ID 112-7649278-6168249 - Order of August 20, 2021

Qty.	Item
1	**Anubhooti: A Poetry Book on Hindi written by Dr. Virendra Jha, an eminent space scientist in Canada, reflecting his Dias...** Jha, Dr. Virendra --- Paperback **1542977703** 1542977703 9781542977708

Return or replace your item
Visit Amazon.com/returns

0/MhMNngnYD/-1 of 1-//BNA9-CART-A/next-1dc/0/0821-06:00/0821-03:16

SmartPacSm

(3)
सुबह से शाम तक
शाम से सुबह तक
एक ही नाम
'मंगल सिंह'
सुबह से शाम तक
शाम से सुबह तक
एक ही काम
'बीबी जी की नौकरी।'

पतझड़

पेड़ की चोटी से
गिरती हुई एक पत्ती
सब पत्तियों से गले मिलती
थोड़ा रूकती और आगे बढ़ती
जैसे मां का घर छोड़ने से पहिले
एक दुल्हन, सभी सम्बन्धियों से मिलती
चली जा रही हो, धीरे धीरे
एक अनजानी दिशा में
समय की हवा के बहाव में।

तलब बरसात में

इस मौसम में, चाय की तलब है
पकौड़ों के साथ
तुम्हारी तलब है
मुस्कराहट के साथ।

प्रतिज्ञा

मैने प्यार से उन्हें देखा
उनने देखा झुंझला कर
मैंने प्यार से कहा
'इधर आओ ना'
उनने कहा चिल्ला कर
'क्या बात है'
मैंने कहा
'अच्छी लग रही हो'
उनने कहा,
'चश्मा लगवा लो'
मैंने कहा 'सच'
उनने कहा 'दिमाग खराब है'
मैंने प्रतिज्ञा की
कभी फिर तारीफ नहीं करूँगा
वो ऊपर कमरे में गयीं
काली साड़ी पहन कर वापस आयीं
मेरी प्रतिज्ञा टूट गयी
फिर कहा

'अच्छी लग रही हो
इधर आओ'
इस बार उनने कहा
मुस्करा कर
'रात में।'

वैलेंटाइन डे

वैलेंटाइन डे आता है
तुम्हारे असीम महत्व का
आभास कराता है।
ईश्वर ने फूल का रूप देकर
तुम्हें पृथ्वी पर भेजा है
इस फूल को
न मुरझाने देने का
भार मुझ पर सौंपा है।
तुम फूल की तरह सुन्दर रहो
निश्चिन्त पुलकित और चंचल रहो
तुम यूँ ही हँसती रहो खिलकती रहो
ईश्वर द्वारा सौंपा मेरा भार
हल्का करती रहो
सदा मेरी वैलेंटाइन रहो।

अधर मिलन

अधरों से ऐसे अधर मिले
गर्मी की सूखी मिट्टी को
वर्षा की जैसे बूँद मिले
पतझड़ के सूखे मौसम में
भंवरे को जैसे फूल मिले।
बिना तुम्हारे दर्शन के
बादल बिन बरसे जाते हैं
कली भी बनती फूल नहीं
बिन खिले ही मुरझा जाती है।
अधरों को अधरों से मिलने दो
बारिश को और बरसने दो
बागों की सारी कलियों को
अब पतझड़ में भी खिलने दो।

एकता (पंचतन्त्र पर आधारित)

नील गगन में उड़ते पंछी ढूंढ रहे थे दाना
कहाँ मिलेगा आज का भोजन कोई नहीं ये जाना
उड़ते–उड़ते उनने देखा लगा खेत में दाना
धीरे धीरे नीचे उतरे ना खुशी का कोई ठिकाना।
गाते गाते हँसते–हँसते चुगने लगे वो दाना।
खेत के माली ने पहिले से ही डाल रखा था जाला
पंछी उलझे जान गये वो पड़ा मुसीबती पाला
रोते रोते कुछ पंछी बोला सबको है हाथ बटाना।
साथ उड़ेंगे साथ चलेंगे जाल को घर ले जाना
घर पर जाकर चूहे को लाकर जाल हमें कटवाना।
साथ रहे तो नहीं रहेगी कोई मुसीबत ये तो हमने जाना।
जाल को लेकर साथ उ़े सब माली भी हार को माना
चूहे के लाकर जाल कटवाया सब जाल का ताना बना
नील गगन में उड़ते पंछी गाने लगे ये गाना
साथ रहें तो नहीं रहेगी कोई मुसीबत ये तो हमने माना।

पति संदेश

कलयुग में सुखी पति
नहीं मिलेंगे आज
हम देते हैं आपको
कुछ शिक्षाएं आज।
सबसे पहले पति को
इगो का करना त्याग
पत्नी को मानो सर्वश्रेष्ठ
तभी खुलेंगे भाग्य।
जितनी सारी गलती हों
उनकी हों या किनकी हों
पूर्ण करो स्वीकार
"मेरी गलती, आइ एम सॉरी"
है बहुत बड़ा यह मंत्र
शादी में खुशियां पाने का
यह सबसे पहला तंत्र।
लम्बी हो या छोटी हो
पतली हो या मोटी हो
सुंदर हो या भद्दी हो
प्यार से बोले या चिल्लाये

फिर भी बोलो मन को भाये।
नारी स्वतंत्रता में करो विश्वास
रोज करो तुम घर को साफ
और करो कपड़ों को वाश
बर्तन गर तुम साफ करोगे
पत्नी के मन के पास रहोगे।
पत्नी को तुम दुर्गा मानों
ससुर को मानो ब्रह्मा
सास तुम्हारी पार्वती हैं
पर अपनी माँ की तारीफ
नहीं करनी है।
शादी में खुशियाँ पाने को
ये सारी बात जरूरी है
गर लम्बी खुशियाँ पानी है
तो थोड़ी कमियां रहने दो।
थोड़ी सी कमियां रहने से
पत्नी को चैलेंज मिला करता
पति को मैं ही ठीक करूँगी
इसके जीवन का उद्धार करूँगी।
ऐसे रहने दो पत्नी के विचार
लगेगा उनको अपना जीवन साकार।

हे पति वर्ग
रहो खुश तुम अब से
अपनाओं ये शिक्षा मन से
तुम कलयुग में भी सुखी रहोगे
गारंटी ले लो ये हम से।

टैलीफोन

अब उपग्रहों ने
सूर्य से शक्ति खींचकर
आकाश को चीर कर
तुम्हारे स्वरों को
मुझ तक पहुँचाया।
लगा जैसे
बहुत दिन खिचड़ी खाने के बाद
ज़ायकेदार खाना खाया
एक लम्बी सर्दी के बाद
मनपसंद हवा का झोंका आया
रेगिस्तान में बहुत दूर चलने के बाद
ठंडा पानी पाया।
ज़ायकेदार खाना
मन पसंद हवा
और ठंडा पानी
पहले भी मिला करता था
पर उस आनन्द का
अहसास कुछ कम हुआ करता था।

रंगभेद

इस पृथ्वी पर लाखों सुमन लिखे हैं
ईश्वर ने कितने अद्‌भुत रंग दिये हैं।
नहीं किसी ने कभी कहा ऐसा है किसी से
सारी धरती भरती जाये बस एक रंग से
केवल श्वेत रंग को फूल अगर सब हो जाते
कैसे सृष्टि का सौन्दर्य बढ़ा पाते।
बच्चे भी तो फूल स्वरूप होते हैं
अपनी मर्जी से वो कब काले गोरे होते हैं।
ईश्वर न तो रंग दिये थे यही सोचकर
बन जाये ये मेरी पृथ्वी और भी सुन्दर
क्यों मानव इसको समझ न पाते
गोरे काले पीले सब में भेद कराते
पृथ्वी की इस सुंदरता को क्यों ठुकराते
क्यों सबको ऐसा उल्टा पाठ सिखाते।
आओ सब मिलकर हम एक ज्योति जलायें
पृथ्वी की इस सुंदरता का ज्ञान करायें
सारे रंगों के बचचों को फूल समझ कर अपनायें
इस पृथ्वी पर सब रंगों का गुलदस्ता सजवायें।

शादी की परीक्षा

चलती शादी सुखी सुखी थी
मैं भी खुश था वो भी खुश थीं
चेहरे हरदम खिलते रहते
हम घंटों घंटों बाते करते
बड़े प्यार से मुझे देखना उनको भाता
बड़े दुलार से मैं उनका सिर सहलाता।
एक दिन बोलीं वा बातो बातों में
ले एक पत्रिका हाथों में
भर चंचलता सी आंखों में
'हमारी शादी किनी अच्छी है
इसको बूझते हैं,
इस पत्रिका में दिये कुछ सवाल
आपसे पूछते हैं।'
हम बोले इसकी क्या आवश्यकता है
देखकर कोई भी बात सकता है
इन खिले चेहरों का राज अच्छी शादी है
ऐसे प्रश्न पूछना समय की बर्बादी है।
बोलीं पहले प्रश्न का उत्तर बताइये
'अपनी पत्नी में क्या परिवर्तन चाहिये?'

मैं उनको खुश करने को बोला
बना के चेहरा एकदम भोला
'परिवर्तन कुछ नहीं चाहिये
जैसी तुम हो जो भी तुम हो
मुझको तो बस वही चाहिये।
बोलीं वो कुछ उत्तेजित होकर
पत्रिका का पृष्ठ खोलकर
'तुमने एकदम झूठ कहा है
इसमें सबकुछ साफ लिखा है
झूठा पति ऐसे उत्तर देता है
झूठे पति से शादी ठीक नहीं चलती है
मुझको तो शक है, क्या अपनी बनती है।'
गुस्से के खतरे से डरकर
मैंने बोला सोच समझकर
'तुम तो हो सम्पूर्ण सी नारी
सुंदर सुंदर प्यारी प्यारी
खुश हो जाऊँ मैं और भी ज्यादा
जब दो हों तुम जैसी नारी'।
उनकी आंखें थी जो प्यारी प्यारी
लाल हो गयीं, निकली चिनगारी
कोने में पत्रिका को फेंक कर

साड़ी को कमर में खोंस कर
बोलीं 'और एक मेरी जैसी लाओगे
सुन लो सुखी नहीं रह पाओगे
मुझे और नहीं बहलाओगे
इस शादी में प्रेम नहीं जतलाओगे।'
उनकी बातें सुनकर मुझको अचरज आया
शांत सुखी इस जीवन में,
यह तूफान कहाँ से आया
क्यों शादी के सुख को हमने जाँच कराया
तब से अब तक पत्नी का गुस्सा उतर न पाया।
तब से उस सम्पादक से गुस्सा हूँ
जिसने ये सब छपवाया
ओ सम्पादक के बच्चे
खुद तो घर में खुशी—खुशी बैठा होगा
क्यों तूने मेरा ही
चाय समोसा बन्द करवाया।

प्रकृति

शांत सुंदर सी झील में
झिलमिलाता
चांद का यह प्रतिबिम्ब
जैसे तुम्हारे सुन्दर से चेहरे पर
चमकता लौंग का हीरा।
मन्द मन्द हवा में
लहराती पेड़ की शाखाएं
जैसे खुशी में झूमती
तुम्हारे चेहरे की जुल्फें
खिले खिले महकते फूल
जैसे तुम्हारे अधर।
देखकर शक होता है
कहीं तुम प्रकृति का
अवतार तो नहीं।

आशिक

तुम प्यार के दीवाने हो
क्योंकि तुमने देखा है
अपनी माशूका को
रेस्तोरां की धीमी रोशनी में
जब उनके चेहरे पर चढ़ी थी
मैक्स फैक्टर की मोटी सी परत
और उनके होठों पर थी
रेवलॉन की सुंदर सी चमक
नकली आइ लैशों से
हो गयी थीं आंखें मदहोश
और ऊँची एड़ी के जूतों से
बढ़ी हुई थी लम्बाई।
पर बन्धु
अगर उनको तुम देखोगे
सुबह की रोशनी में
तब पाउडर के स्थान पर
मुंहासों के दाग नज़र आयेंगे
आंखें लगेंगी चुंदी चुंदी
कद हो जायगा इतना छोटा
कि बैठना होगा बातों के लिये।

तब
भाग जाओगे तुम
दूर बहुत दूर
अपनी माशूका से।

नया हिन्दुस्तानी

जिसे मैंने आज सड़क पर देखा था
वो शायद एक नया हिन्दुस्तानी था
उसकी आंखों में गर्व था विदेश आने का
उसकी आंखों में भय था यहाँ की सभ्यता में खो जाने
काउसकी आंखों में उत्सुकता थी बर्फ को छूने की
अभी वो नहीं समझा गर्मी सर्दी मौसम की
जिसे मैंने आज सड़क पर देखा था
वो शायद नया हिन्दुस्तानी था।मुझे दूर से देखकर उसके
चेहरे पर मुस्कुराहट थी
एक देशवासी से मिलकर बोलने की इच्छा थी
पर मेरे पास से गुजरते समय उसने निगाह मोड़ ली थी
जिसे मैंने आज सड़क पर देखा था
वो शायद एक नया हिन्दुस्तानी था।
वो भी कुछ साल बाद मेरी ही तरह होगा
उसके पास बीबी, दो बच्चे और एक घर होगा
घर में स्टीरियो, टीवी, मोटर और सेल्यूलर फोन होगा
तब उसकी आंखों में विदेश आने का गर्व न होगा

उसको अपनी सभ्यता खोने का भय न होगा
पर तब वो नया हिन्दुस्तानी नहीं होगा।
तब उसके मन में भारत लौटने के भाव उमड़ते होंगे
पर उसके पैर उस सड़क से जुड़ चुके होंगे
तब उसको मल्टीकल्चरिज़्म के फायदे नज़र आते होंगे
और सर्दी के महीने जरूरत से ज्यादा लम्बे लगते होंगे।
जिसे मैंने आज सड़क पर देखा था
तब वो नया हिन्दुस्तानी नहीं होगा।

चालीसवीं वर्षगांठ

एक सुंदर सी नदी, इठलाती बलखाती
चलती जाती हर मील पर कहती
अभी कुछ मील और मैं चलूँगी
पर चालीस के बाद, आराम कुछ करूँगी
हर मील कर करती, वो चालीस की प्रतीक्षा।
चालीसवीं मील पर सहारा मिला बड़ा
नदी के आराम को एक पहाड़ था खड़ा
नदी को पहाड़ ने गोद में ले लिया
आराम को नदी के, एक तालाब बनवा दिया
सजाने को नदी को, कमल के फूल लगवा दिये
सुनाने को गीत, कोयल जैसे पक्षी बुलवा लिये
निहारनो को रूप, चांद पूर्णिमा का बुलवा लिया।
नदी सुंदर थी जीवन से भरपूर थी
नदी को पहाड़ का सहारा था
पहाड़ पर नदी से हरयाली थी
नदी के बहाव से तालाब भर आया
नदी फिर इठलाती बलखाती बहने लगी।
चलते चलते पहाड़ से कहने लगी
अब चालीस मील और चलूँगी
फिर आराम को रूकूँगी

पहाड़ ने कहा
मैं वहीं मिलूँगा
तुम्हें सहारा देने की
प्रतीक्षा करूँगा।

कवि सम्मेलन

पत्नी ने कहा, कवि सम्मेलन है
बड़े बड़े कवियों को बुलाया है
तुम्हारा नाम बड़ी मुश्किलों से
हमारी सिफारिशों के बाद आया है।
लिखनी होगी तुमको अच्छी सी एक कविता
किसी भी विषय पर लिख दो
और कुछ नहीं हो हमारी
सुंदरता का वर्णन कर दो
बड़ी बड़ी आंखों से घूरते हुए कहा
हमारी आंखों का विवरण कर दो
जोर से चिल्लाकर कहा
हमारी मधुर वाणी की चर्चा कर दो
और हाथ में बेलन उठा कर कहा
हमारी नम्रता के किस्से लिख दो।
मैंने कहा
मैं तुम्हारे रौब में आकर
यह सब लिख नहीं सकता
मैं तुमसे डरकर, झूठ कह नहीं सकता
कवि सम्मेलन में जाऊँगा
सब सच सच बताऊँगा।

उस दिन तो यारों
मैं जोश ही जोश में
यह सब कुछ कह गया
पर तब से अब तक
भूखा का भूखा रह गया।

वर्ष

मार्च में मिट्टी और बर्फ के नीचे
दबे पौधों के बीच
गर्भ में शिशु के समान।
अप्रैल में लगे हुए छोटे-छोटे पौधे
जैसे कोई बालक चलने की चेष्टा किये
खड़ा इधर उधर उत्सुकता से देखता हो।
मई जून में फूलों से लदे लहराते पेड़
जैसे अल्हड़ जवानी के जोश में
चिन्ता से बेमुक्त एक सुन्दर सी
नाचती गाती युवती।
अगस्त की गर्मी में सीधे खड़े पेड़
जैसे जीवन की जिम्मेदारी निभाते सभी इंसान।
अक्टूबर की पतझड़ में गिरती पत्तियां
जैसे वृद्धावस्था में अपने आपको
गिरने से बचाता चलता हुआ इंसान।
जनवरी की सर्दी में फिर दबे पेड़ पौधे
जैसे पुनर्जन्म की तैयारी में लगा इंसान।

ट्रैफिक लाइट

ट्रैफिक की लाइट के पास
खड़ा हुआ लैम्प पोस्ट
रात के तीन बजे
सब कुछ देखता है।
कौन हरी लाइट पर
और कौन लाल लाइट पर
सड़क पार करता है।
ईश्वर सर्वविद्यमान है
ट्रैफिक की लाइट के पास खड़े
लैम्प पोस्ट में भी।
फिर भी एक के बाद एक
कानून टूटता चला जा रहा है।

भूली बातें

तुम्हीं ने तो था कहा प्रिये
जिन्दगी ये छोटी है
खुशी खुशी बितायेंगे
तुमको मैं और मुझको तुम
सदा सदा हँसायेंगे
तुम्हीं ने तो था कहा प्रिये
जिन्दगी ये छोटी है।
बच्चों पर हम दोनों ही
ढेर प्यार लुटायेंगे
बच्चे भी तो जल्दी ही
बड़े बड़े हो जायेंगे
छोड़ घर को बच्चे भी
कभी चले ही जायेंगे
कभी कभी ही तो वे हमें
मिलने को घर को आयेंगे
तुम्हीं ने तो था कहा, प्रिये
जिन्दगी ये छोटी है
खुशी खुशी बितायेंगे।
तुम और मेरे बीच में
दीवार सी क्यों आ रही

अहंकार की ईंटों से
चुनती है जो जा रही।
प्रतिस्पर्धा से बढ़ता बैर
बीच में क्यों आ रहा
मैं हूँ मैं तुम हो तुम
ये प्रेम को है खा रहा
तुम्हीं ने तो था कहा, प्रिये
जिन्दगी ये छोटी है।
हुआ ये सब फिर क्यों प्रिये
हुआ है ये सब यों प्रिये
हम ये शायद भूल गये
जिन्दगी ये छोटी है
याद फिर करो प्रिये
जिन्दगी ये छोटी है
हँस के हम बितायेंगे
अहंकार की ईंटों को दूर हम हटायेंगे
तुमको मैं और मुझको तुम
फिर से हम हँसायेंगे
याद फिर करो प्रिये
जिन्दगी ये छोटी है।

विवाह

राम ने सीता को पाने के लिये
शिवजी का बड़ा भारी धनुष उठाया
अर्जुन ने द्रौपदी को पाने के लिये
मछली की आँख में सीधा तीर चलाया
लेकिन योगेन्द्र तुमने तो
सीता से भी सुन्दर
द्रौपदी से भी निपुण
मानसी को, सिर्फ आंख के इशारे से पाया।
सीता ने राम के लिये चौदह साल
जंगल में, खुशी खुशी बिताये
अर्जुन ने द्रौपदी की रक्षा के लिये
महाभारत जैसे युद्ध रचाये
तुम दोनों का जीवन भी अब ऐसे ही
सदा सदा को एक दूजे का हो जाये
तुम दोनों प्रभात के सूरज जैसे खिलो
पूर्णिमा के चंद्रमा जैसे सजो
नदी के तरह बिना रूकावट के आगे बढ़ो

अग्नि से प्रबल तुम्हारी शक्ति हो
हिमालय से ऊँची तुम्हारी सफलता हो
यह पृथ्वी ही तुम्हारे लिए स्वर्ग हो
मानसी और योगेन्द्र चिरंजीवी रहो।

सिर्फ तुम

सिर्फ तुम्हारी दो आंखें
इतनी दूरी के बाद भी
रास्ता दिखा रही हैं।
सिर्फ तुम्हारे दो होंठ
इतनी दूरी के बाद भी
अपनी मुस्कराहट से, दिल में
उत्साह पैदा कर रहे हैं।
सिर्फ तुम्हारे दो पैरों का चलन
इतनी दूर के बाद भी
थिरकने का आवाहन देता है
सिर्फ तुम्हारे दो हाथ
इतनी दूरी के बाद भी
मुझे छुने का आभास कराते हैं।
और इन सबसे बनी तुम, सिर्फ तुम
जिसकी खुशी के लिये जीना
मेरे जीवन को सम्पूर्ण
अर्थ देता है।

गालिब —1

गालिब ने अपनी पेंशन के सारे पैसे
जब एक साथ एक दिन में ही पूरे पाये
जा पहुँचे सीधे शराब की दुकान
बहुत सारी बोतलें खरीद लाये।
पत्नी को देखकर आश्चर्य हुआ
गुस्से में ऐसे शब्द निकल आये
खाना तो घर में है ही नहीं
तुम शराब की बोतलें क्यों लाये?
गालिब बोले बेगम राज़ की बात है
पास में बैठों तो कुछ समझायें
खाना खिलाने की ज़िम्मेदारी तो खुदा ने ली है
बची थी शराब, जिसकी ज़िम्मेदारी हम पूरी कर आये।

गालिब –2

जहांगीर ने अपना प्यार अमर करने को
लाखों मालियों को बुलवाया
करोड़ों पेड़ों और फूलों को
सलीके से सजाकर, शालीमार बनवाया।
शाहजहाँ ने अपना प्यार अमर करने को
लाखें कारीगारों को बुलवाया
करोड़ों संगमरमर के टुकड़ों को
सलीके से सजाकर ताजमहल बनवाया।
गालिब ने हर इंसान का प्यार अमर करने को
हजारों शब्दों को इस सलीके से जमाया कि
ताजमहल से ज्यादा असर वाली
शालीमार से ज्यादा दिल खुश करने वाली
शेर और गजलों का जन्म कराया
गालिब ने मजनुओ को इज्जत के काबिल बनाया
हर इंसान के दिल को सदा के लिए जवान बनाया।

रंग प्रवेश

आज मैं नाचूंगी तिरकिट था तिरकिट था तिरकिट था
आज मैं गाऊंगी सा रे गा मा पा धा नी सा।
आज मैं खुश हूँ सूरज की चमक से ज्यादा
मेरे मन की उमंगें ऊँची हैं आसमान से ज्यादा
मेरे रूप की चमक देख आज शरमायेगी चांदनी
मेरे घुंघरूओं को सुनकर थिरकने लगेगी कुमुदिनी
आज मैं नाचूंगी तिरकिट था तिरकिट था तिरकिट था
आज मैं नाचूंगी सा रे गा मा पा धा नी सा।
मैं अब बड़ी हुई हूँ, पैरों पर खड़ी हुई हूँ
मन के विश्वास की सीमा पर चढ़ी हुई हूँ
सागर की गहराई और लहरों की चंचलता पास रखूंगी
आज मैं नाचूंगी सा रे गा मा पा धा नी सा।
अपनी खुशी को दुनिया में तारों की तरह बिखेरूँगी
हर थके और दुखी मन को अपने साथ हँसाऊंगी
सारे बागों और कलियों को फूलों में खिलावाऊंगी
सारे फूलों की खुशबू को दुनिया भर में फैलाऊंगी
आज मैं नाचूंगी तिरकिट था तिरकिट था तिरकिट था
आज मैं गाऊंगी सा रे गा मा पा धा नी सा।

महत्वाकांक्षा

मृगतृष्णा की तरह
यह पहाड़ और ऊँचा
होता जा रहा है।
इस उम्मीद में कि
चोटी कभी मिलेगी
मैं चलता जा रहा हूँ
सिर्फ चोटी को देखता हुआ।

भारत की स्वतंत्रता की 50वीं वर्षगांठ

मैं हूँ भारतवर्ष, 50 वर्ष का अधेड़ पुरूष
पिता मेरे गांधी, चाचा मेरे नेहरू थे
जन्म पर दोनों ही मौजूद थे
सभी दोस्त और संबंधी बड़े जोश में थे
मेरे बारे में उन सबके बड़े–बड़े अरमान थे
मुझे सफल बनाने को बड़े बड़े प्लान थे।
पिता, चाचा मुझे छोटा ही छोड़ स्वर्ग सिधारे
रह गया केवल संबंधियों के सहारे
संबंधियों ने मेरी देखभाल नाममात्र को संभाली थी
मेरी खुशी से ज्यादा उन्हें अपनी खुशहाली प्यारी थी
कभी बीमार कभी दुरूस्त किसी तरह बड़ा हुआ
अपने बच्चों के लिये भी करता रहा अच्छी दुआ
मेरे बच्चों के लिये बहुत कुछ मांगा था
सब इतने अलग होंगे, नहीं ऐसा सोचा था।
एक लड़का पच्चीसवीं मंजिल के दफ्तर में
कम्प्यूटर का काम करता है
दूसरा उसी बिल्डिंग के नीचे बैठकर
जूतों की मरम्मत करता है
एक बेटी शहर के अस्पताल में
सबसे बड़ी डॉक्टर है

दूसरी शादी के बाद घर में
नौकरानी की तरह बंद है।
मेरे बच्चे जो बचपन में साथ खेलते थे
अब एक दूसरे को पहचानते नहीं हैं
परन्तु नाती पोतों से मुझे आशा है
वो जागरूक हैं, मेरे नाम पर उन्हें गर्व है
उनमें आत्मविश्वास है, स्वाभिमान है
निश्चलता है, दृढ़ता है
बड़े होकर भाइयों की तरह रहने की क्षमका है
जब मेरी उम्र सौ वर्ष की होगी
मुझे विश्वास है कि मेरी आशा पूरी होगी
मेरे नाम की प्रशंसा सारे संसार में होगी।

देश विदेश

एक तरफ खुली हवा में छोटी सी झोंपड़ी का आभास
दूसरी तरफ भव्य महल का कारावास
एक तरफ कुछ फूल कांटों के साथ
दूसरी तरफ सभी सुविधाएं ज़ंजीरों के साथ।
एक तरफ कांटे हैं,
हर जगह दिखती गरीबी के
ट्रकों से निकलते धुओं के
जगह जगह लगे कचरे के ढेरों के
निकम्मे सरकारी कर्मचारियों के।
दूसरी तरफ सुविधाएं हैं
बड़े बड़े मकानों की, खूबसूरत कारों की
सुविधा से उपलब्ध चीजों की
मेहनत से काम करते कर्मचारियों की।
पर उन कांटों के साथ फूल हैं
देश के अपनत्व के, परम्परा के, इतिहास के
मधुर संगीत के, अपनी भाषा के
और जायकेदार खाने के।
और सुविधा के साथ ज़ंजीरें हैं
नौकरी पेशे की,
अच्छी तनखाह की

बड़े होते बच्चों की।
ज़ंजीरों के ताले कभी कभी
थोड़े समय को खुलते हैं
हम फूलों की खुशबू से मिलते हैं
कांटों से हटकर चलते हैं
थोड़े समय बाद कांटे फिर अखरते हैं
फूलों से ज्यादा कांटे बुरे लगते हैं
ज़ंजीरें फिर कारावास में खींच लाती हैं
हम फिर बंध जाते हैं ज़जीरों में
बैठे रहते हैं, फिर ज़जीरें खुलने की आशा में।

जीवन

हमेशा फूल ही नहीं कभी कांटे भी मिलेंगे
हमेशा नदी का बहाव नहीं कभी पहाड़ भी मिलेंगे
जीवन में सफलता है तो निराशा भी मिलेगी
दुनिया में दोस्त मिलेंगे पर कुछ दुश्मन भी मिलेंगे।
कांटों के डर से तुम फूलों को छूना मत भूलो
पहाड़ों से डर कर तुम नदी का साथ ना छोड़ो
हारों से मत हारो तुम, जीत का प्रयास मत छोड़ो
दुश्मनों को देखकर तुम मित्रों पर विश्वास न छोड़ो।
अगर पैर के कांटे से रूके हो तो फिर चलना शुरू करो
अगर पहाड़ से डर कर हटे हो तो फिर चढ़ना शुरू करो
अगर निराशाओं से घिरे हो तो फिर कोशिश शुरू करो
दुश्मन पर भी विश्वास करो और उसको भी मित्र करो।
कांटों से नहीं डरोगे तो फूल ही फूल मिलेंगे
पहाड़ों से नही डरोगे तो जीवन की ऊंचाइयां मिलेंगी
निराशाओं से नहीं डरोगे तो खुशियां ही जीवन बनेंगी
विश्वास से चलोगे तो सारी दुनिया ही मित्र बनेगी।

विवाह समारोह

पर्वत जितने मेवे मिश्री
सारी दुनिया मे बंटवा दो
आज मेरी बेटी की शादी है।
हे इंद्र देव के दूतों
तुम खूब गरज कर बरसों
पृथ्वी को हरियाली से भर दो
दुनिया में गूंज मचा दो
आज मेरी बेटी की शादी है।
हे आसमान के तारों
तुम झिलमिल करके चमको
चांद और थोड़े तारों से
मंडप को सजा दो
आज मेरी बेटी की शादी है।
हे स्वर्गलोक के देवों
चारों वेदों से चुन चुन कर
आशीर्वाद गान करा दो
आज मेरी बेटी की शादी है।
पृथ्वी के सारे फूलों को

चुन कर इन दोनों पर
बरसा दो
स्वर्गों के सारे सुख
इन दोनों को इस
पृथ्वी पर दिलवा दो
आज मेरी बेटी की शादी है।

दुविधा

न जाने क्यों, ये सब, मैं किये जा रहा हूँ
अखबार को मैं उठाने लगा हूँ
कपड़ों की तह मैं बनाने लगा हूँ
बर्तन भी अब सब धुलने लगे हैं
जमीनों के धब्बे भी मिटने लगे हैं।
न जाने क्यों, ये सब, मैं किये जा रहा हूँ
बिस्तर भी अब रोज बनने लगा है
वैक्युम भी घर में चलने लगा है
नाश्ता भी रोज पकने लगा है
समय से आफिस जाने लगा हूँ।
न जाने क्यों, ये सब, मैं किये जा रहा हूँ
तुम जब यहाँ थी, कहा थी तुम करती
कभी तो करोगे मेरा कहना मानो
जरा प्यार से मेरी थोड़ी सी मानो
तुम्हारा मुझे आभास हो जाये मन में
तुम्हारी ही इच्छा को पूरी मैं करने
तुम्हारी उपस्थिति को महसूस करने
तुम्हारी कमी को थोड़ा सा भरने
इन्हीं सब वजहों से ही शायद
मैं ये सब किये जा रहा हूँ।

अर्ज़

मेरे प्यारे गालों को
चुम्बनों की बौछार से
घायल मत करो।
यों तिरछी आंख दिखाकर
मेरा दिल खींच कर
अपने पास मत रखो।
सिर्फ मुस्करा कर
बिना कुछ कहे
इतना सब मत कहो
कि सुनने समझने में
ही जिन्दगी बीत जाये।
इस तरह लहर कर मत
चलो कि धरती भी हिले
और मेरा रोम रोम हिल जाये।
बस पास आकर बैठ जाओ
ताकि मेरा दिल थोड़ा थम जाये।

आशिकी

ये फसाना है आशिकी का
बेतहाशा दीदारगी का
नाकामियों के बाद भी
हिम्मत न हारने का
मौका ल हमने छोड़ा
कभी मुलाकात का
समय वो न दे पाये
कुछ देर साथ का।
एक दिन
हम छाता लेकर चल दिये
बारिश में उनके साथ
फिर भी न पकड़ पाये
उनका वो कोमल हाथ
बोले वो हमसे यों
खत्म बारिश के होने के बाद
अब अपने घर को जाइये
क्यों चलते मेरे साथ
फिर कुछ तरस खाकर

थोड़ा सा इतरा कर
दिलासा वो दे गये
कल फोन करेंगे
रेस्तोरां चलेंगे, ऐसा वो कह गये।
अगले दिन देखते रहे
हम फोन का आकार
भूखे ही करते रहे
घंटी का इंतजार
पर वो गये रेस्तोरां
ले के दूजा यार
भूल गये वो बिल्कुल
थी कुछ हमारी भी मांग
खाते रहे वो शाम भर
तंदूरी मुर्गे की टांग
फिर जब हमें मिले तो
उन्हें कुछ याद न था
इस सबके बावजूद भी
हमारे दिल में उनका साथ था
वो बहुत ही कतराये पर
हमें उनसे प्यार था।
आशिकी हमारी

इकतरफा ही रही
की कोशिश बहुत
पर उनकी चाहत
किसी और की रही
'हिम्मत मर्द, मददे खुदा'
यहाँ फेल हो गया
लैला मजनूं के
किस्से का प्लाट
शुरू में ही ढेर हो गया।

मेरा खोट

मुझ में कैसा खोट है भगवन
कोई मुझको ये बतलाये।
बैंक की जिस लाइन में मैं लग जाऊं
वो क्यों लम्बी होती जाये
सबको मिलती सुंदर लड़की
मेरे सामने बुढ़िया ही क्यों आये
मुझ में कैसा खोट है भगवन
कोई मुझको ये बतलाये।
सारी दुनिया सोना खरीदे
मालामाल हो जाये
पर जब मैं सोना खरीदूं
क्यों भाव उसका गिर जाये
मुझमें कैसा खोट है भगवन
कोई मुझको ये बतलाये।
पतली सुंदर लड़की थी वो
जब शादी करके लाये
फिर शादी के बाद ही फिर क्यों
वो मोटी होती जाये

मुझसे कैसा खोट है भगवन
कोई मुझको ये बतलाये।
सबकी बीबी पैसे कमाये
क्यों मेरी ही खर्चाये
सबकी बीबी प्यार से बोले
क्यों मेरी ही चिल्लाये
मुझमें कैसा खोट है भगवन
कोई मुझको ये बतलाये।

सीता स्वयंवर

राम नाम जपते जपते
ज्ञानी जी को ये सूझा
कौन था राम, कौन थी सीता
कैसे उनका मिलन हुआ?
ज्ञानी जी ने इस विषय पर
की फिर थोड़ी बहुत रिसर्च ।
जाना,
मिस सीता थीं एक सुंदर लड़की
सिटी था उनका जनकपुरी
मिस्टर राम अयोध्या के थे
मिस सीता पर मरते थे
सोचा उनने क्यों न मांगे
मिस सीता से हम एक डेट
साहस पाकर एक दिन उनने
मिस सीता को किया सजैस्ट
मिस सीता तो मिस्स् सीता थीं
सुन्दरता में किससे कम थीं
उनके साथ समस्या यह थी

डेटों की एक लम्बी लिस्ट थी ।
सोचा मिस सीता ने फिर यों
सबको अगर एक डेट मैं दूँगी
बूढ़ी यों ही हो जाऊंगी
मिस सीता ने सारा डाटा
कम्प्यूटर में फीड किया
नब्बे प्रतिशत लोगों की
प्रिलिमिनरी में रिजेक्ट किया
दस प्रतिशत लोगों की भी
डेट निभाना सरल न पा
सोचा एक परीक्षा ले लूं
अंक हों जिसके सबसे ज्यादा
उसको अपना वर चुन लूं ।
प्रश्न थे उसके सीधे साधे
कितना बैंक में रखते हो
क्या तुम माँ से डरते हो
दोस्त तुम्हारे हैं कितने
क्या चाय को वो घर आते हैं
रात को तुम कब सोते हो
क्या खर्राटे भरते हो

आता होगा तुमको शायद
कैसे बनता है खाना
ऐसे ही कुछ प्रश्न और थे
मिस्टर राम योग्य बहुत थे।
मिस सीता ने चुना राम को
फोन मिलाया पंडित जी को
पंडित जी ने सीता का न्यौता स्वीकार किया
घर पर आकर विवाह संस्कार आरम्भ किया
बोले पंडित जी सीता जी से
सबसे पहिले आग जलाओ
चक्कर उसके सात लगाओ
मिस सीता को आइडिया आया
झट से एक स्टोव जलाया
दो रिवॉल्विंग चेयर्स को
मंडप के नीचे मंगवाया
बैठे ही बैठे कुर्सी पर
राम और सीता ने गिनकर
पूरे किये सात चक्कर
पूरा हो गया इस तरह
सीता राम मिलन चक्कर।

स्वर्गलोक में हलचल

स्वर्गलोक में आजकल
मची हुई है धूम
तरह तरह की कारें
रही सब जगह घूम।
माडर्न हो जाये स्वर्ग लोक
निश्चय शिवजी ने किया
वीडियो, टीवी और कार
आर्डर सबका प्लरेस किया
पार्वती भी आजकल
सोप ऑपैरा देखतीं
शिवजी ने पिछले महीने
सौ हिन्दी फिल्में देख लीं।
टीवी पर एक दिन
जीन्स का छोटा सा ऐड आया
शिवजी को बहुत भाया
ब्रुक्स शील्ड को देखकर
शिवजी का जी ललचाया
कहाँ छुपी थी अब तक
इतनी सुंदर युवती
जिसे देखकर हो रही

भ्रष्ट हमारी सुमति।
बोले शिवजी पार्वती से
सुनो प्रिये जरा जल्दी से
हमको जाना है धरती पर
जरूरी आफिशियल काम से
बस कुछ दिन को जायेंगे
तुम्हारे लिये भी कहो तो,
कुछ धरती से लेते आयेंगे।
खास नहीं कुछ चाहिये
हो सके तो अमिताभ की
कुछ मूवीज़ लेते आइये।
सावधानी से जाइये
लड़कियाँ हैं वहाँ की चालक
उनसे जरा बचकर ही आइये।
शिवजी ने उड़ने का
शुरू किया काम
मन ही मन बोले
'कौलिफोर्निया, हियर आई कम'
जा पहुँचे बीच के पास
ब्रुकी बेबी कर रही थीं
बिकिनी पहनने का अभ्यास

शिवजी ने उसकी सुंदरता पर
नहीं किया विश्वास
बोले पहुँचकर उसके पास
मैं हूँ शिव शंकर
शुरू किया मैंने ही
जीवन और मरण चक्कर
हिन्दुस्तान में लोग मुझे
कहते हैं भगवान
अमरीका में चल रहा
अभी भी अज्ञान।
हमने भेजे हैं अपने महर्षि महेश योगी
ताकि नहीं रहो तुम केवल वस्तु भोगी
किन्तु कन्या तुम्हें हमारे साथ चलना होगा
और स्वर्ग का सौन्दर्य बढ़ाना होगा
पर हां पार्वती से थोड़ा छुपकर रहना होगा।
बोली ब्रुकी बेबी, प्रभु तुम्हारे साथ चलेंगे
कहें अगर तो जगह पार्वती की ले लेंगे
पर प्रभु एजेन्ट से पूछना होगा
उसकी मर्जी के बिना कुछ किया
तो उसे बहुत सा पैसा देना होगा
शिवजी बोले रास्ता हमने पहले ही साफ किया

तुम्हारे एजेन्ट को अभी ही यमराज के पास दिया।
स्वर्ग लोक में आजकल सुख सुविधा है तमाम
पूरब पश्चिम के भेद को शिव जी गये हैं पूरा जान
नहीं मिलेगा उनको अब मन का सुख और आराम।

प्रतिस्पर्धा

एक तीन टांग का कुत्ता
एक एक पैर का आदमी
केले वाले के फेंके गये केले
सब एक साथ झपटे
कुत्ता केला ले गया
आदमी देखता रह गया
यह केले की प्रतिस्पर्धा।
एक साइकिल पर सवार आदमी
एक स्कूटर पर सवार आदमी
एक थ्री ह्वीलर का संचालक
एक मारूति कार का ड्राइवर
एक मर्सिडीज कार में बैठा इंसान
सिर्फ एक वाहन के निकलने का स्थान
थ्री ह्वीलर उस स्थान से पहले निकल गया
सब देखते रह गये एक छोटे से स्थान के लिए
प्रतिस्पर्धा।
देश में कुल पांच आईआईटी
हर एक में दो सौ स्थान
एक लाख उत्तर के लोग
एक लाख दक्षिण के लोग

एक लाख पूरब के लोग
एक लाख पश्चिम के लोग
सिर्फ एक हज़ार लोग
जिनने एडमीशन पाया
बाकी बस देखते रह गये शिक्षा की प्रतिस्पर्धा।
एक छोटे से मोहल्ले में
चुनाव के लिए खड़े छ: उम्मीदवार
कुछ सज्जन कुछ दुर्जन
कुछ ब्राह्मण कुछ हरिजन
सभी गाते एक ही भजन
दुर्जन चुनाव जीत गया।
सब देखते रह गये
सज्जन और दुर्जन की
चुनाव में प्रतिस्पर्धा।

दीपावली

आज का राम
युगों के बनवास के बाद
शहर में घुसने से डरता है
कलयुग में सीता के सामने
राम का मस्तक झुकता है।
सीता जो बनवास में जाने से पहिले
आज्ञाकारी थीं,
राम की प्यारी थीं,
अब राम को निष्काम, निठल्ला और बेरोज़गार
कहती हैं,
और अपने सारे कष्टों के लिये
राम को आरोपित करती हैं।
सीता ने कह दिया है
मैं अब शहर पैदल नहीं जाऊंगी
कार यहाँ मंगवाइये, वरना,
खुद ही रावण के साथ चली जाऊंगी।
राम ने सुना है, भाई भरत ने
घोड़े की सवारी को छोड़ा है

और राष्ट्रीय धन से
एक कैडिलेक कार को खरीदा है
भाई भरत ने राजनीति की शिक्षा पाकर
खुद को प्रधानमंत्री और
राम को राष्ट्रपति घोषित किया है।
राम के मन में शंका है
क्या नगरवासी मेरे स्वागत में उमड़ेंगे
या राशन की लाइनों में ही खड़े रह जायेंगे
मेरी बढ़ी दाढ़ी देख लोग हँसेंगे
मैं अगर कहूँ कि राजा राम हूँ तो पागल कहेंगे।
राम ने सीता से कहा
कलयुग में हमारे लिये अब कुछ नहीं रहा
हम शहर नहीं जायेंगे
बचा हुआ जीवन
जंगल में ही बितायेंगे।
सीता ने कहा, 'राम प्रभो!
तुम मूर्ख हो,
अभी तो मज़े का समय आया है
और तुम पर सतयुग क नशा चढ़ आया है
मैं तो शहर जाऊंगी
रानी कहलाऊंगी

नौकरों पर खूब हुक्म चलाऊंगी
जंगलों की धूल मिट्टी छोड़कर
डनलप के गद्दे पर
एअर कंडीशंड महल में
अपना जीवन बिताऊंगी।
तुम्हें नहीं जाना है तो ना जाओ
वैसे भी तुम्हें कोई पहचानता नहीं है।
मेरे लिये आदमियों की
कोई कमी नहीं है।
जिसको भी ले जाऊंगी
राम ही बताऊंगी।'
राम निराश होकर वहीं से लौट गये
सीता के साथ पता नहीं कौन गये
नकली राम के पहुँचने पर भी
शहर में खुशी का शोर हुआ
सरकारी छुट्टी की लिस्ट में
दिवाली के दिन का जोड़ हुआ।

बेटे व बेटी के नाम

आकांक्षा

बदन भारी है
लेकिन फिर भी हल्का लगता है
मन घबराता है
लेकिन फिर भी पुलकित रहता है
वो शाश्वत होगा या होगी गौरी
स्नेह के समुद्र में ज्वार भाटे उठ रहे हैं
शान्त होंगे जो उसके स्पर्श से।

दूरी

भोले से चेहरे पर
दो बड़ी बड़ी आंखें और मुस्कराते
छोटे छोटे चार दांत
रह रह कर, नजर आते हैं
छोटे छोटे हाथ लम्बे होकर
दिल को छूकर चले जाते हैं
सब कुछ साफ नजर आता है
पर दूरी का अहसास हुआ जाता है।

याद

घर में कोई तुनकता नहीं है
क्रिब में कोई खनकता नहीं है
गरम दूध को कोई मचलता नहीं है
तुनकने वालों पे प्यार आता है
खनकने वालों की याद में जागा जाता है
दूध गरम होता है ठंडा हो जाता है।

श्रद्धांजलि 'पापा' को

मैं राही था मस्त चाल का
कितनी भी मुश्किल आ जाये
मैं सदा खुशहाल रहा
पेशावर में मैदानों में
ब्रह्म शक्ति से भूषित होकर
दौड़ दौड़ कर बड़ा हुआ
दो देशों के बंटवारे में
मैं अनचाहे बेघरबार हुआ
कुछ लोगों की आंखों में तो
अन्त समय तक रिफ्यूजी ही कहलाया
धन्य रहे वो सुन्दर सुभद्रा
जिसने पूर्ण तरह मुझे अपनाया।
सोचा था एक डाक्टर बन जाऊंगा
जैसी मेरी आदत है, सबकी मदद कराऊंगा
पर मुझे भी नहीं मालूम था
खेल के मैदान में इतना नाम कमाऊंगा
जब मैं विद्युत गति से दौड़ा
कोई आगे नहीं जा पाया
आश्चर्य चकित होकर सब सम्पादकों ने
'भूषण शर्मा जीते स्वर्ण पदक'

सब अखबारों में छपवाया।
रंजना के जन्म के बाद
रंज ना कभी पास आया
फिर दीपक और आलोक ने आकर
घर को खूब चहकाया
जिंदगी मौज मस्ती में बीतती गयी
पुलिस में मेरी हस्ती बढ़ती गयी
धीरे धीरे कंधे का भार हल्का हुआ
मेरे सब बच्चों का विवाह हुआ
और मैं एक पुलिस अफसर
देहरादून में आकर रिटायर हुआ।
मुनीश शालिनी अंशु अभिनव अदित्य पराग
सभी मुझे भाते थे
पर थोड़े ही क्षण उनके साथ बीत पाते थे
सुभद्रा के जाने से मेरा उत्साह
थोड़ा सा कम हुआ, पर
दीपक और रेनू के सहारे से
मेरा गम काफी कम हुआ।
मुझे जिन्दगी से कभी कोई शिकवा न रहा
कोई कभी मेरा दुश्मन न रहा
मैं सबके साथ हंसता और सबको हंसाता रहा

समय की इस नदी के साथ चलता रहा
मेरी नदी का रास्ता अब बदल गया है
इसका बहाव अब पृथ्वी लोक से
स्वर्ग लोक की ओर हो गया है।
अब मैं सुभद्रा के पास जाऊंगा
बाकी समय पृथ्वी लोक छोड़कर
खुशी-खुशी स्वर्ग में बिताऊंगा
कभी कभी पृथ्वी लोक में दिखूंगा
बसंत के खिले फूलों में
रेगिस्तान में बरसती बूंदों में
सभी हंसते हुए चेहरों की खुशी में।

आदित्य- यादें

ये दीपावली का कैसा शोर है
जो सुनाई नहीं देता
और ये कैसा सन्नाटा है
जो कानों को भेद रहा है।
दीपावली पर चांद तो
कभी नहीं होता था
पर सूर्य तो सदा ही था
वो सूर्य जिसको देखकर
सब चेहरे मुस्कराते थे
वो सूर्य जिसको देखकर
बागों के फूल खिलते थे
वो सूर्य जिसकी गर्मी से
सब आनन्दमय होते थे।
ये कौन सा काला बादल आया
जिसने सूर्य को अपने आंचल में छुपाया
ये कैसा शक्तिशाली तूफान आया
जिसने सूर्य को हमारे बीच से उड़ाया
सूर्य की स्मृति स्वरूप रोशनी से
उसका आभास तो होता है
पर उसकी भीनी भीनी गर्मी के बिना

भारी शीतलता का प्रहार होता है।
सूर्य कहता है
मैं निकलूंगा कभी तो, कहीं तो
अभ्यस्त हो जाओ अगर हो सके तो
इस शीतलता के लिहाफ ओढ़कर
अब की दीपावली पर।

बाबू रोशन लाल की दिनचर्या

आठ बजे ही आंख खुल गयी
बाबू रोशनलाल की
क्यों न थोड़ा और मैं सो लूं
कह दूंगा बस लेट हो गयी
लेट नहीं तो फेल हो गयी
फेल नहीं तो भीड़ बहुत थी
कुछ न कुछ तो कह ही दूंगा
क्यों न थोड़ा और मैं सो लूं।
तभी किसी काली का गर्जन
उनके श्रवणों में पहुंचा
क्यों जी कुम्भकरण हो क्या
क्या ऐसे ही पड़े रहोगे
नौकरी पर नहीं गये तो
घर का खर्चा कैसे भरोगे
रोशन जी असहाय हो गये
जल्दी से तैयार हो गये

खाना तो घर भूल गये
पर पेपर को वो साथ ले गये
जाकर ऑफिस में उसने
नत्थू को पहले दी आवाज
क्यों बे नत्थू के बच्चे
क्यों नहीं करता काम काज
टेबल पर तो धूल पड़ी है
बना रहा तू अपना साज।
रोशन जी कुर्सी पर बैठे
जैसे हो खटिया पर लेटे
सोचा अभी काम की क्या जल्दी है
सारी दोपहर पड़ी हुई है
दोपहर तक समाचार भी
बासे हो जायेंगे
दैनिक पेपर अभी ठीक
से पढ़ पायेंगे।
खबरें थी कुछ चटकीली सी
दस बस की टक्कर से घायल
गयाराम की गयी मिनिस्ट्री
गावस्कर की बनी सेंचुरी।
एक सज्जन तब उनसे बोले

सकुचाये से डर के बोले
बाबूजी वो काम हुआ क्या
फौरम मैंने हस्ताक्षर को जमा किया था।
रोशन जी बोले भैया
जब पैन हमें मिल जायेगा
काम तुम्हारा हो जायेगा।
सज्जन ने पैन समर्पित किया
दस का नोट साथ में अर्पित किया
हस्ताक्षर करने में निब मोटा हो जायेगा
इस पैसे से अच्छा निब वापस आयेगा।
सोचा रोशन जी ने हस्ताक्षर कर कर
फिर वो अपना हाथ पकड़कर
अब काम और नहीं हो पायेगा
रोशन जी ने समय यों ही बर्बाद किया
25 नम्बर की बस से
घर को फिर प्रस्थान किया।
घर पर जाकर फिर उनने
खटिया का आनन्द लिया
बाबू रोशन लाल ने ऐसे
दिनचर्या को सम्पन्न किया।

मत उलझे रहो

उठो बीते हुए कल में मत उलझे रहो
उभरते हुए सूरज की शक्ति को महसूस करो
हलकी मंद मंद बहती हवा का अनुभव करो
उठो अभी समय बाकी है उत्साही व आनन्दमय बनो।
कौन कैसा है ये ऐसा है वो वैसा है
ये काला है वो गोरा है
ये अच्छा है वो खोटा है
इस निर्णय के चक्कर में ना पड़ो
जो प्रत्यक्ष है, स्वीकार करो
उठो बीते हुए कल में मत उलझे रहो।

कुछ बांट सकते हो तो निःसंकोच बांटो
दान कर सकते हो तो धन दान कर दो
काम कर सकते हो तो भला काम कर दो
कुछ नहीं तो गुस्सा नहीं, सिर्फ मुस्करा दो
तुम्हें खुश देखकर खुशी तुम्हारे पास आयेगी

सिर्फ तुम्हारे पास ही नहीं सब जगह फैल जायेगी
उठो बीते हुए कल में मत उलझे रहो।

आइने मे देखकर, क्यों दोष अपने खोजते
दूसरों को देखकर, क्यों हीन अपने को सोचते
जो भी हो, जैसे भी हो, क्यों नहीं उसको स्वीकारते
ईश का ही रूप तुम हो, क्येां न ऐसा मानते
उठो बीते हुए कल में मत उलझे रहो
ये क्यों हुआ कैसे हुआ, कौन जिम्मेदार है
मैं नहीं कोई और ही इस हानि का हकदार है
इस तरह ही अलसाये होकर चलना बेकार है
जिम्मेदारी अपनी समझो इसमें ही जीवन का सार है।

गम नहीं

सबको हो रहा है गम यही
टैक्स देने के बाद कुछ बचा नहीं
मुझको खुशी है बस यही
नौकरी लगी है गयी नहीं
टैक्स देने की क्षमता तो रही
मुझको कोइ गम है नहीं।

सबको हो रहा है दुख यही
वजन बढ़ा है,
तंग है पैंट जो थी नयी
मुझको नहीं है गम कोई
मुझको खुशी है बस यही
ईश्वर ने दिया है
भूखे रहने की जरूरत नहीं
मुझको कोइ गम है नहीं।

सबको हो रहा है गम यही
घर गन्दा है चीजें बिखरीं रही
मुझको नहीं है गम कोई
मुझको खुशी है बस यही

घर में रहता हूँ सड़क पर नहीं
मुझको कोइ गम है नहीं ।

सबको हो रहा है गम यही
सरकार खराब है काबिल नहीं
मुझको नहीं है गम कोई
मुझको खुशी है बस यही
स्वतंत्रता में रहता हूँ डिक्टेटरी में नहीं
मुझको कोइ गम है नहीं।

सबको हो रहा है गम यही
समय नहीं है न आराम कहीं
मुझको नहीं है गम कोई
मुझको तो खुशी है बस यही
मित्रों से घिरा हूँ अकेला नहीं
 मुझको कोइ गम है नहीं।

पल

जो गुजर गये सो गुजर गये
लौट के कब वो आते हैं
उसी तरह बीते हुए पल
सदा सदा खो जाते हैं।
हम फिर भी गए पलों को
भूल नहीं पाते हैं
उनकी यादों मैं रह कर
कितना कष्ट उठाते हैं।
आगे क्या होगा किसने देखा
उसकी चिंता ने बहुतों को घेरा
आगे वाला पल जब भी आएगा
वो पल भी वर्तमान हो जायेगा
जो इस पल मैं जी पायेगा
सुखी वही हो जायेगा।

ढ़लता सूरज

ढ़लते सूरज का प्रकाश
जब पृथ्वी पर गिरता है
बातें कुछ धीरे–धीरे
ऐसे, उससे करता है।
मैं नहीं चाहता, बिछढ़ूँ तुमसे
तुम भी करती प्रेम हो मुझसे
पूरे दिन का साथ रहा है
तुम में कितना उल्हास दिखा है।

अब क्षितिज के पीछे मैं जाऊंगा
अच्छे दिन को याद करूँगा
मत हो यों न उदास तुम
मैं कल फिर आऊंगा।

रूकना मेरी क्षमता के बाहर
नियति का करना हमको आदर
यहाँ आना–जाना रहा निरंतर
सांत्वना मिलेगी यही सोच कर।
पृथ्वी पर कितने मिलते हैं
और बिछुड़ जाते हैं

कुछ तो सदा सदा को
इस पृथ्वी से हट जाते हैं
हम तो फिर भी अच्छे हैं
रोज अलग होते हैं और मिल जाते हैं।

ढ़लते सूरज का प्रकाश
जब पृथ्वी पर गिरता है
बातें कुछ धीरे धीरे
ऐसे उससे करता है।

शब्द

शब्द ही भगवान हैं, शब्द ही हैवान
शब्द में मिठास है, शब्द में अपमान
शब्द भरते घाव को, शब्द ही लेते हैं जान
शब्द से अमृत बने, शब्द से विषपान
शब्द बनाते भविष्य को, शब्द ही करते दमन
शब्द से ही मित्र हैं, बनते शब्द से दुश्मन
शब्द होते शक्तिशाली, ये है बहुत बलरवान
समझे जो यह शब्दशक्ति, सुखी रहे वो इन्सान।

नया वर्ष

नया वर्ष नये वादे नयी प्रतिज्ञायें
वही धरती वही सूरज वही हवाएं
कुछ फिर से केवल सब्जी खायेंगे
कुछ फिरसे रोज दौड़ लगायेंगे
कुछ अब सबसे प्यार से बोलेंगे
कुछ अब थोड़े दिन को गुस्सा छोड़ेंगे
नया साल फिर से भी आयेगा
फिर से सारे वादे याद दिलायेगा
पर अच्छा है कि नया साल आता है
सब रिश्तों की याद कराता है
नया साल सभी को शुभ हो
इस वर्ष मेरी यह इच्छा पूरी हो।

खबर

हिंदुस्तान से आज फिर
एक खबर आयी है
हर दो तीन साल की तरह
बुरी सूचना पायी है
दूरी और सालों के अंतर ने
अपनी करतूत दिखाई है
नजदीकी को कम करने में
सफल वही हो पायी है।

सुनकर बहुत दुःख होना चाहिए
स्वाभाविक रूप से
रोना भी आना चाहिए
पर अब सिर्फ एक चुभन सी होती है
दूर रहने की एक अनुभूति होती है।

हिंदुस्तान से आज फिर
एक खबर आयी है
आज फिर फोन पर बातें होंगी
आज फिर यादो की चर्चायें होंगी
आज फिर albums खोले जायेंगे

चुन चुन कर फोटो निकाले जायेंगे
उनके जवान और हँसते चेहरे
सभी को दिखाए जायेंगे
समय के साथ सभी की उम्र ढ़लती है
ये तो अच्छा है album में बसी फोटो
हमेशा हँसती और जवान रहती है।

दुर्भाग्यवश कुछ सालों बाद
ऐसी खबर फिर से आयेगी
फिर से दिल को
थोड़ा सा दुखायेगी।

ऐसे ही एक दिन
एक खबर यहाँ से वहाँ भी जायेगी
फिर कोई खबर कभी भी
कहीं से नहीं आयेगी।

Healthy Foods

ये कैसा कलियुग आया है
केल और किनवा ने
इतिहास नया रचाया है
खाने की सारी थाली में
स्थान प्रथम ही पाया है।
मूंग और पालक विचलित हैं
हम क्या किनवा से कम हैं
पालक भी अब शोर मचाता
केल ही क्यों अब सबको भाता
किनवा जो मुर्गी को फैंका जाता था
अब सुन्दर प्लेटों में सजता है
ये कैसा कलियुग आया है।

ये कैसा कलियुग आया है
वेगन वाले खाने ने
दूध दही को खदेड़ा है
औलिव के औइल ने अब
घी को पीछे छोड़ा है
दूध दही भी विचलित हैं
ये कैसी बातें प्रचलित हैं

चिल्ला चिल्ला कर कहते हैं
सोया दूध तो फर्जी है
दूध हमारा असली है
पनीर भी टोफू को घूरे है
उसकी गद्दी पर जैसे
सौतन आकर बैठे है
ये कैसा कलियुग आया है।

ये कैसा कलियुग आया है
ग्लूटन भी अब पीछे रहता
इज्जत उसकी कोई न करता
गेंहूँ जो पहले राजा था
सबका भाग्य विधाता था
अब चावल से भी डरता है
धीरे धीरे बैठे बैठे रोता है
सूजी का हलवा भी अब
किनवा के पीछे हटता है
बूँदी के लड्डू को अब मंदिर में
भगवन का मन ललचाता है
ये कैसा कलियुग आया है।

Morning After Heart Surgery

आज नया सूर्योदय
आज नया प्रभात
नयी शक्ति नया अंदाज
प्राणी पक्षी चहक रहे हैं
सूर्य से लेकर शक्ति आज।

लगता मुझको भी ऐसा आज
एक कठिन रात के बाद
मेरे अंदर का सूर्य उगा है
एक शुभ प्रभात आया है
मुझको इसने फिर से
शक्तिमान बनाया है।

बना रहे यह सूरज यों ही
करता रहे सभी की
रातों पर प्रहार।

संघर्ष

आंधी और तूफानों से
मैंने हार नहीं मानी है
जीवन के संघर्षों से
हिम्मत से लड़ने की ठानी है।

जब एक हवा का झोका आया
पैरों को पृथ्वी पर अटल टिकाया
एक दीये की बत्ती बुझती
दूसरा दीया तुरन्त जलाया।

आंधी और तूफानों में भी
अपनी की मैनें मनमानी है
यम के सब इतों को भी
मैंने दूर भगाया है।

निराशा और अविश्वास कभी
मेरे पास न आया है
अब तो लगता जैसे सारी
दुनिया जानी मानी है
अबसे मरने तक खुश रहने की
मैंने बिल्कुल ठानी है
आंधी और तूफानों से
मैंने हार नहीं मानी है।

मेरा प्रतिबिम्ब

दर्पण में जो प्रतिबिम्ब दिखा है
उस पर जीवन के वर्षों का हाल लिखा है
अचरज देख मुझे होता है
क्या मेरा सच्चा प्रतिबिम्ब यही है
श्वेत रंग के बालों से
झुररी वाले बालों से
मेरे असली पन का संबंध नहीं है।
दर्पण में जो प्रतिबिम्ब दिखा है
वो मेरा असली प्रतिबिम्ब नहीं है
असली प्रतिबिम्ब समय से अपरिचित है
आत्मा की तरह, परिवर्तन हीन है
सदैव जगत और शक्तिशाली है
असली प्रतिबिम्ब अभी भी जवान है
अंदर का प्रतिबिम्ब ही मेरा
असली प्रतिबिम्ब है
वही मेरे अंदर समाया है
वही मेरे मन पर छाया है
बाहर का प्रतिबिम्ब माया है
दर्पण में जो प्रतिबिम्ब दिखा है
वो मेरा असली प्रतिबिम्ब नहीं है।

Made in the USA
Monee, IL
20 August 2021

76169900R00066